MORE KIDS' ACTIVITY BOOKS FROM US

https://k-imagine-pub.com/

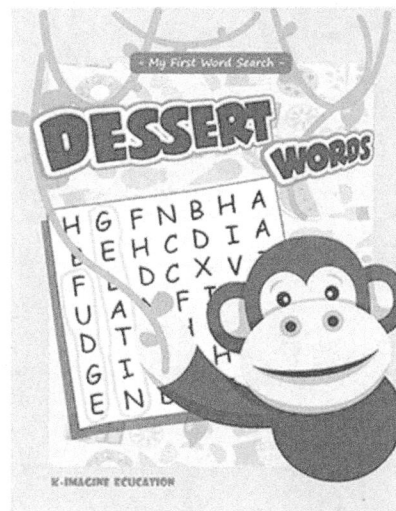

MORE KIDS' ACTIVITY BOOKS FROM US
https://k-imagine-pub.com/

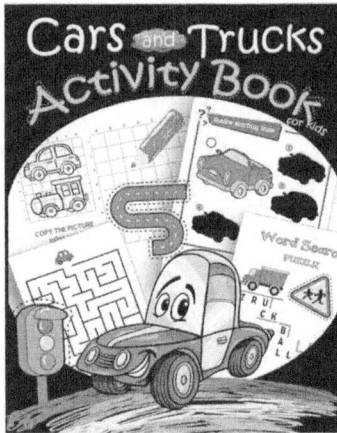
Cars and Trucks Activity Book for kids

SPACE TRAVEL Activity Book for kids

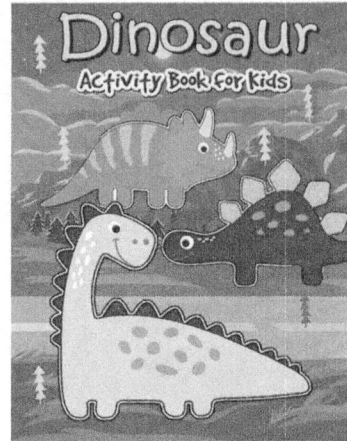
Dinosaur Activity Book for kids

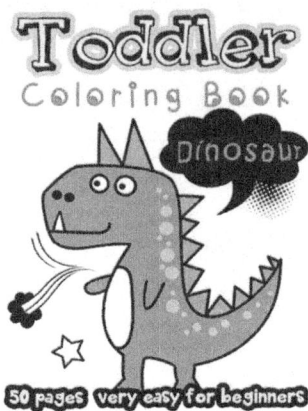
Toddler Coloring Book Dinosaur — 50 pages very easy for beginners

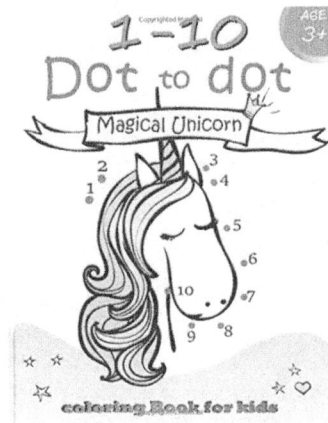
1-10 Dot to dot Magical Unicorn — coloring Book for kids — AGE 3+

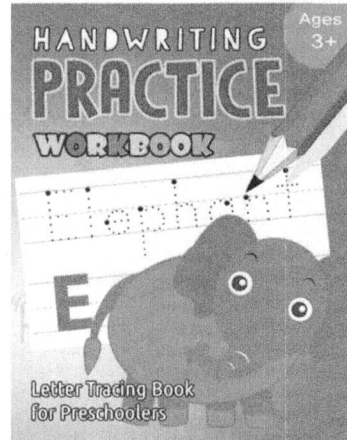
HANDWRITING PRACTICE WORKBOOK — Letter Tracing Book for Preschoolers — Ages 3+

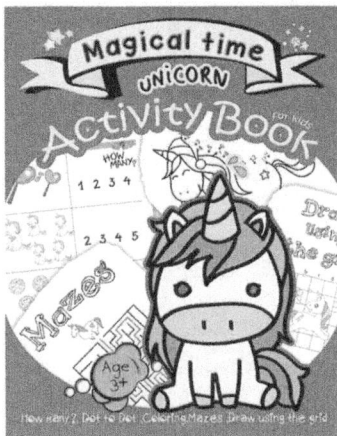
Magical time UNICORN Activity Book for kids — Age 3+

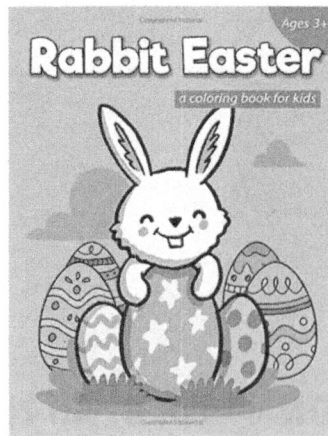
Rabbit Easter a coloring book for kids — Ages 3+

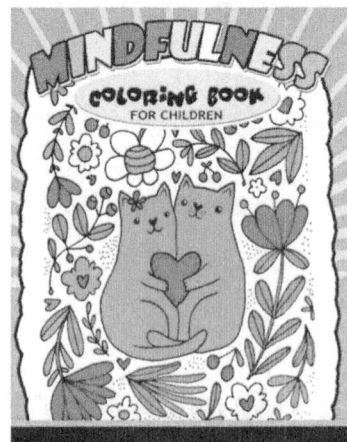
MINDFULNESS COLORING BOOK FOR CHILDREN

Farm

```
K   P   D   B   U   C   K   E   T   X   C   A
F   B   N   C   M   I   P   K   H   C   B   V
O   I   Q   H   A   C   A   T   V   A   E   B
X   S   T   I   B   R   E   E   D   T   B   L
X   O   S   C   G   S   R   M   Z   T   O   S
K   N   H   K   D   R   Y   Z   D   L   A   W
B   E   E   H   I   V   E   B   E   E   R   U
T   U   C   A   L   F   I   N   S   T   M   R
```

Find the following words in the puzzle.
Words are hidden → and ↓ .

BEE	BREED	CATTLE
BEEHIVE	BUCKET	CHICK
BISON	CALF	
BOAR	CAT	

Farm

```
.  .  .  .  B  U  C  K  E  T  .  .  .  .
.  B  .  C  .  .  .  .  .  C  .  .
.  I  .  H  .  C  A  T  .  A  .  .
.  S  .  I  B  R  E  E  D  T  B  .
.  O  .  C  .  .  .  .  .  T  O  .
.  N  K  .  .  .  .  .  L  A  .
B  E  E  H  I  V  E  B  E  E  R  .
.  .  C  A  L  F  .  .  .  .  .  .
```

Word directions and start points are formatted: (Direction, X, Y)

BEE (E,8,7)   BREED (E,5,4)   CATTLE (S,10,2)
BEEHIVE (E,1,7)   BUCKET (E,4,1)   CHICK (S,4,2)
BISON (S,2,2)   CALF (E,3,8)
BOAR (S,11,4)   CAT (E,6,3)

Farm

```
U  C  Q  C  O  O  P  I  C  O  W  C
W  C  O  M  B  I  N  E  H  Q  O  H
D  L  Y  J  M  D  D  P  H  N  N  I
J  P  Q  E  B  U  F  F  A  L  O  C
I  C  O  R  N  I  F  K  O  U  U  K
C  L  G  M  G  O  J  B  U  L  L  E
L  Z  A  O  D  D  O  N  K  E  Y  N
D  H  R  E  X  V  N  E  B  J  O  H
```

Find the following words in the puzzle.
Words are hidden → and ↓ .

BUFFALO   COMBINE   COW
BULL   COOP   DONKEY
CHICKEN   CORN

Farm

```
.   .   .   .   C   O   O   P   .   C   O   W   C
.   C   O   M   B   I   N   E   .   .   .   .   H
.   .   .   .   .   .   .   .   .   .   .   .   I
.   .   .   .   .   B   U   F   F   A   L   O   C
.   C   O   R   N   .   .   .   .   .   .   .   K
.   .   .   .   .   .   .   .   .   B   U   L   L   E
.   .   .   .   .   .   D   O   N   K   E   Y   N
.   .   .   .   .   .   .   .   .   .   .   .   .
```

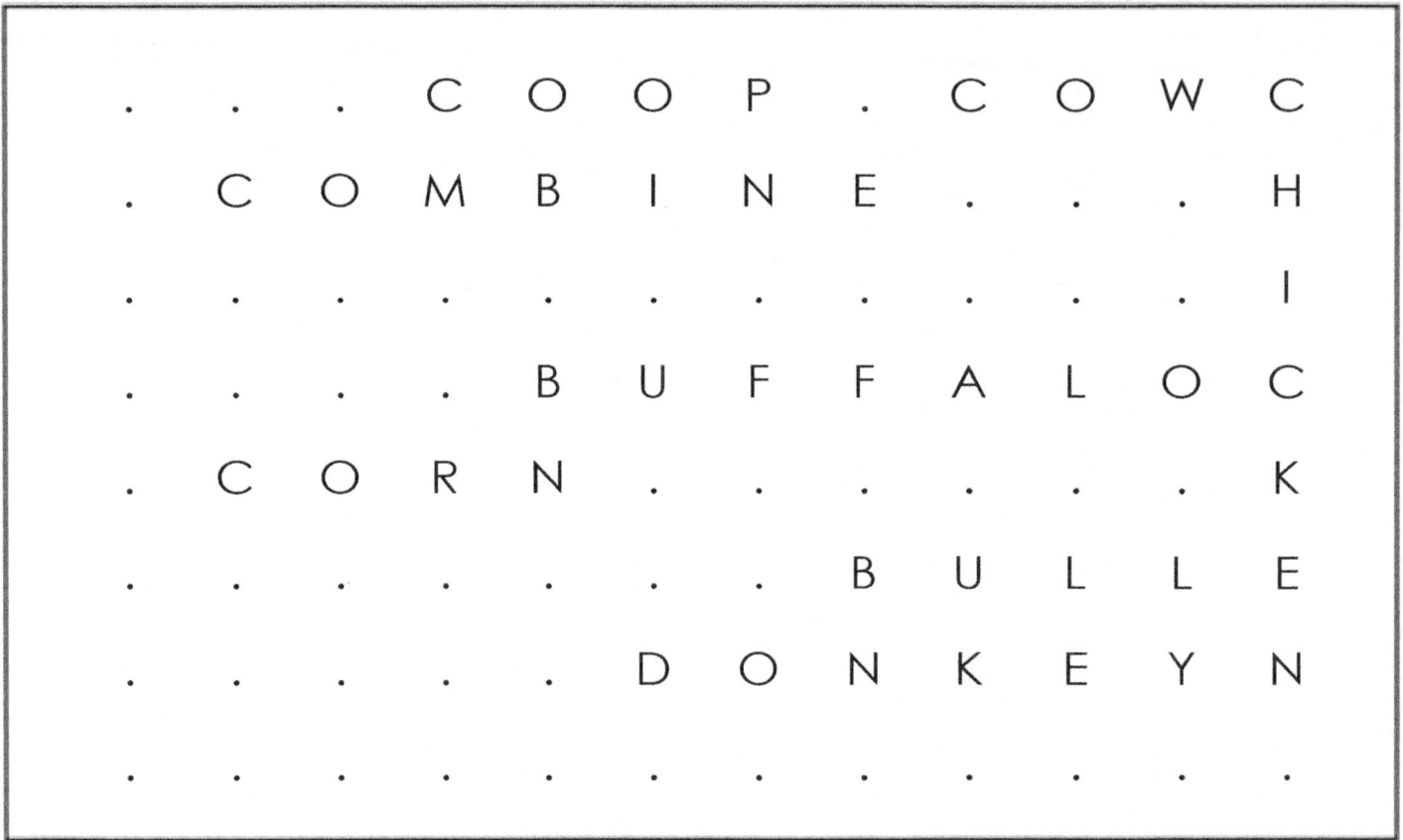

Word directions and start points are formatted: (Direction, X, Y)

BUFFALO (E,5,4)   COMBINE (E,2,2)   COW (E,9,1)
BULL (E,8,6)   COOP (E,4,1)   DONKEY (E,6,7)
CHICKEN (S,12,1)   CORN (E,2,5)

Farm

```
B  C  V  F  A  R  M  E  R  W  X  W
L  F  K  R  R  T  T  S  L  J  Q  Z
C  U  L  T  I  V  A  T  O  R  C  M
Z  E  W  E  F  I  X  E  G  G  R  N
V  F  A  L  L  O  W  E  O  S  O  I
O  P  E  I  A  K  B  K  P  N  P  R
S  B  K  A  T  F  J  I  V  T  S  Y
F  A  R  M  W  F  U  C  R  O  W  B
```

Find the following words in the puzzle.
Words are hidden → and ↓ .

CROPS   EGG   FARM
CROW   EWE   FARMER
CULTIVATOR   FALLOW

Farm

```
.   .   .   .   F   A   R   M   E   R   .   .   .

.   .   .   .   .   .   .   .   .   .   .   .   .

C   U   L   T   I   V   A   T   O   R   C   .

.   E   W   E   .   .   .   E   G   G   R   .

.   F   A   L   L   O   W   .   .   .   O   .

.   .   .   .   .   .   .   .   .   .   P   .

.   .   .   .   .   .   .   .   .   .   S   .

F   A   R   M   .   .   .   C   R   O   W   .
```

Word directions and start points are formatted: (Direction, X, Y)

CROPS (S,11,3)	EGG (E,8,4)	FARM (E,1,8)
CROW (E,8,8)	EWE (E,2,4)	FARMER (E,4,1)
CULTIVATOR (E,1,3)	FALLOW (E,2,5)	

Farm

```
F  E  R  T  I  L  I  Z  E  R  X  L
M  U  S  B  A  L  E  R  P  Q  O  L
I  O  B  A  R  L  E  Y  T  P  J  B
U  L  F  A  R  M  H  O  U  S  E  J
F  E  E  D  L  F  E  N  C  E  B  O
U  K  I  R  X  T  T  K  F  N  E  P
C  F  E  N  C  E  B  A  R  N  E  K
T  B  U  F  E  E  D  E  L  R  E  S
```

Find the following words in the puzzle.
Words are hidden → and ↓ .

BALER   FARMHOUSE   FENCE
BARLEY   FEED   FERTILIZER
BARN   FEED
BEE   FENCE

Farm

```
F  E  R  T  I  L  I  Z  E  R  .  .

.  .  .  B  A  L  E  R  .  .  .  .

.  .  B  A  R  L  E  Y  .  .  .  .

.  .  F  A  R  M  H  O  U  S  E  .

F  E  E  D  .  F  E  N  C  E  B  .

.  .  .  .  .  .  .  .  .  .  E  .

.  F  E  N  C  E  B  A  R  N  E  .

.  .  .  F  E  E  D  .  .  .  .  .
```

Word directions and start points are formatted: (Direction, X, Y)

BALER (E,4,2)   FARMHOUSE (E,3,4)   FENCE (E,6,5)
BARLEY (E,3,3)   FEED (E,4,8)   FERTILIZER (E,1,1)
BARN (E,7,7)   FEED (E,1,5)
BEE (S,11,5)   FENCE (E,2,7)

Farm

```
G  R  R  H  G  T  D  G  B  D  F  X
H  A  F  Y  O  C  O  A  T  K  O  Z
G  B  O  F  A  F  W  N  W  F  A  G
C  K  O  N  T  R  V  D  H  I  L  E
Q  Z  D  B  S  U  Q  E  V  E  Z  E
Q  K  H  U  M  I  V  R  Z  L  S  S
G  A  T  E  U  T  P  W  S  D  B  E
O  Z  A  F  L  O  C  K  F  K  C  U
```

Find the following words in the puzzle.
Words are hidden → and ↓ .

FIELD   FRUIT   GOAT
FLOCK   GANDER
FOAL   GATE
FOOD   GEESE

Farm

```
.   .   .   .   G   .   .   G   .   .   F   .
.   .   F   .   O   .   .   A   .   .   O   .
.   .   O   .   A   F   .   N   .   F   A   G
.   .   O   .   T   R   .   D   .   I   L   E
.   .   D   .   .   U   .   E   .   E   .   E
.   .   .   .   .   I   .   R   .   L   .   S
G   A   T   E   .   T   .   .   .   D   .   E
.   .   .   F   L   O   C   K   .   .   .   .
```

Word directions and start points are formatted: (Direction, X, Y)

FIELD (S,10,3)   FRUIT (S,6,3)   GOAT (S,5,1)
FLOCK (E,4,8)   GANDER (S,8,1)
FOAL (S,11,1)   GATE (E,1,7)
FOOD (S,3,2)   GEESE (S,12,3)

Farm

```
L Y C A T T L E F H G E
H Q A C A L F V Q A R K
C H T F T E J Z A T A G
Y H A R V E S T T C I O
K B G L G R O W K H N O
E H H G O X Q E I E S S
H A R V E S T E R R J E
M X Y M X A F F X Y B O
```

Find the following words in the puzzle.
Words are hidden → and ↓ .

CALF   GRAINS   HATCHERY
CAT   GROW
CATTLE   HARVEST
GOOSE   HARVESTER

Farm

```
.  .  C  A  T  T  L  E  .  H  G  .
.  .  A  C  A  L  F  .  .  A  R  .
.  .  T  .  .  .  .  .  .  T  A  G
.  H  A  R  V  E  S  T  .  C  I  O
.  .  .  .  G  R  O  W  .  H  N  O
.  .  .  .  .  .  .  .  .  E  S  S
H  A  R  V  E  S  T  E  R  R  .  E
.  .  .  .  .  .  .  .  .  Y  .  .
```

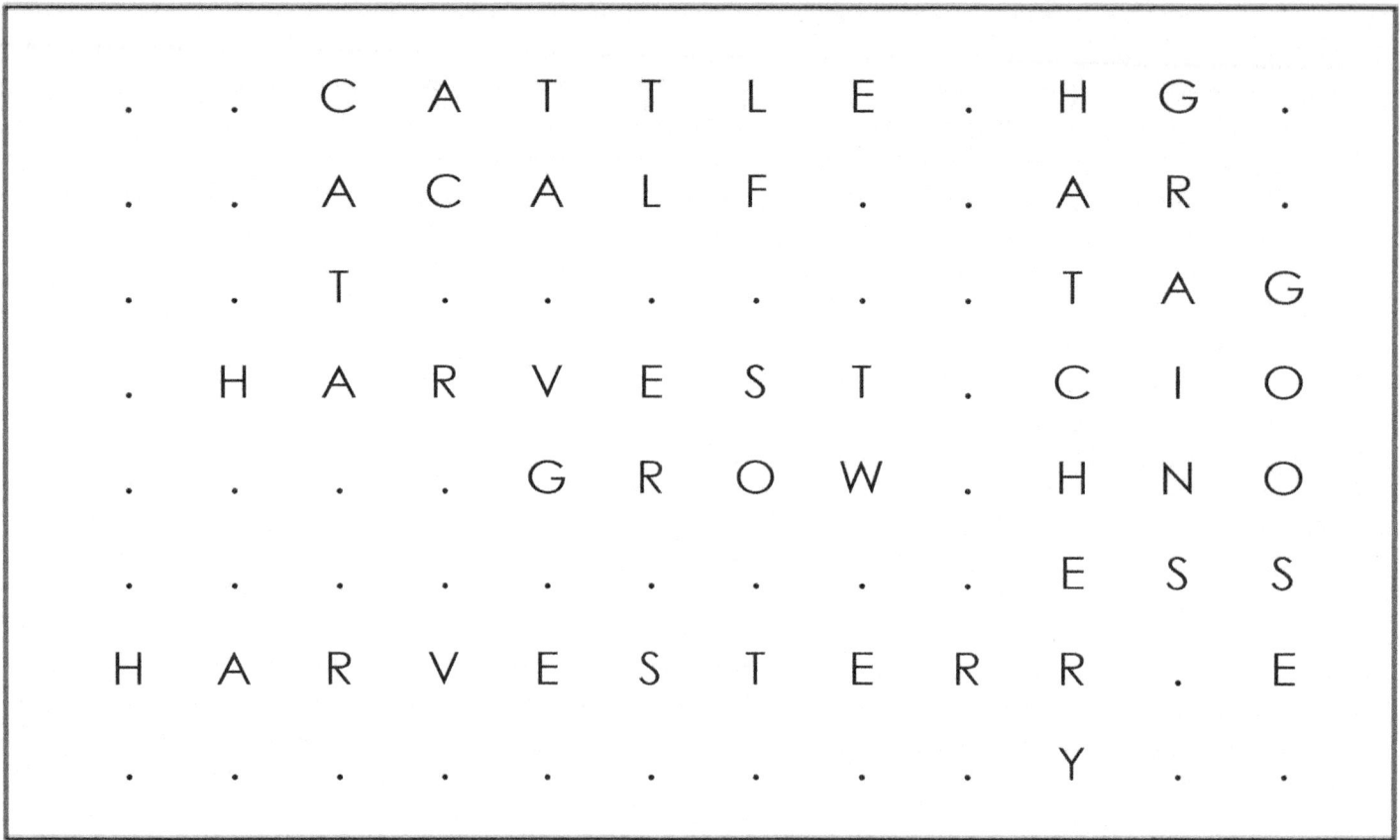

Word directions and start points are formatted: (Direction, X, Y)

CALF (E,4,2)   GRAINS (S,11,1)   HATCHERY (S,10,1)
CAT (S,3,1)   GROW (E,5,5)
CATTLE (E,3,1)   HARVEST (E,2,4)
GOOSE (S,12,3)   HARVESTER (E,1,7)

Farm

```
C  U  L  T  I  V  A  T  O  R  G  S
M  N  S  A  H  E  R  D  S  W  H  Z
X  H  M  G  V  K  C  R  O  W  X  B
C  E  V  A  B  S  O  C  O  W  T  I
D  N  G  A  Z  C  J  Q  W  H  J  R
F  Q  T  H  A  Y  S  T  A  C  K  J
V  Q  G  C  R  O  P  S  L  M  G  G
Q  F  H  A  Y  N  Y  F  H  W  N  Y
```

Find the following words in the puzzle.
Words are hidden → and ↓ .

COW   CULTIVATOR   HEN
CROPS   HAY   HERD
CROW   HAYSTACK

Farm

```
C  U  L  T  I  V  A  T  O  R  .  .  .
.  .  .  .  .  .  H  E  R  D  .  .  .  .
.  H  .  .  .  .  .  C  R  O  W  .  .  .
.  E  .  .  .  .  .  .  C  O  W  .  .  .
.  N  .  .  .  .  .  .  .  .  .  .  .  .
.  .  .  H  A  Y  S  T  A  C  K  .  .
.  .  .  C  R  O  P  S  .  .  .  .  .
.  .  H  A  Y  .  .  .  .  .  .  .  .
```

Word directions and start points are formatted: (Direction, X, Y)

COW (E,8,4)   CULTIVATOR (E,1,1)   HEN (S,2,3)
CROPS (E,4,7)   HAY (E,3,8)   HERD (E,5,2)
CROW (E,7,3)   HAYSTACK (E,4,6)

Farm

```
F  Y  H  O  R  S  E  F  H  F  E  I
T  H  F  R  U  I  T  F  O  L  Q  Q
G  H  O  G  V  X  P  O  N  O  Z  Y
Q  F  H  O  N  E  Y  O  E  C  L  Y
B  O  O  I  Y  A  D  D  Y  K  E  K
K  A  M  X  C  G  X  Q  B  T  N  Y
W  L  Y  X  C  K  I  G  E  F  Y  N
D  H  O  E  S  P  G  F  E  D  X  U
```

Find the following words in the puzzle.
Words are hidden → and ↓ .

FLOCK   HOE   HORSE
FOAL   HOG
FOOD   HONEY
FRUIT   HONEYBEE

Farm

```
.   .   H   O   R   S   E   .   H   F   .   .
.   .   F   R   U   I   T   F   O   L   .   .
.   H   O   G   .   .   .   O   N   O   .   .
.   F   H   O   N   E   Y   O   E   C   .   .
.   O   .   .   .   .   .   D   Y   K   .   .
.   A   .   .   .   .   .   .   B   .   .   .
.   L   .   .   .   .   .   .   E   .   .   .
.   H   O   E   .   .   .   .   E   .   .   .
```

Word directions and start points are formatted: (Direction, X, Y)

FLOCK (S,10,1)   HOE (E,2,8)   HORSE (E,3,1)
FOAL (S,2,4)   HOG (E,2,3)
FOOD (S,8,2)   HONEY (E,3,4)
FRUIT (E,3,2)   HONEYBEE (S,9,1)

Farm

```
X  A  C  R  E  A  G  E  V  K  B  G
G  Y  A  D  H  B  T  D  Q  K  W  A
A  G  C  A  S  A  V  X  O  H  I  T
N  O  R  I  D  O  N  K  E  Y  M  E
D  A  E  R  Q  F  H  H  M  A  I  N
E  T  O  Y  Y  W  V  J  F  J  A  L
R  W  Y  Q  K  I  G  E  E  S  E  M
D  G  B  A  I  W  D  O  G  W  T  K
```

Find the following words in the puzzle.
Words are hidden → and ↓ .

ACRE   DONKEY   GOAT
ACREAGE   GANDER
DAIRY   GATE
DOG   GEESE

Farm

```
.  A  C  R  E  A  G  E  .  .  .  .  G
G  .  A  D  .  .  .  .  .  .  .  .  A
A  G  C  A  .  .  .  .  .  .  .  .  T
N  O  R  I  D  O  N  K  E  Y  .  E
D  A  E  R  .  .  .  .  .  .  .  .
E  T  .  Y  .  .  .  .  .  .  .  .
R  .  .  .  .  .  G  E  E  S  E  .
.  .  .  .  .  .  .  D  O  G  .  .  .
```

Word directions and start points are formatted: (Direction, X, Y)

ACRE (S,3,2)   DONKEY (E,5,4)   GOAT (S,2,3)
ACREAGE (E,2,1)   GANDER (S,1,2)
DAIRY (S,4,2)   GATE (S,12,1)
DOG (E,7,8)   GEESE (E,7,7)

Farm

```
I N C U B A T O R F T I
I N S E C T I C I D E G
U I L A N D G G C H I L
F I R R I G A T I O N A
U I A B T B K I D R T M
L Q U I G E J U U S R B
C T B H S T J A N E M K
S I K M W L L A M A I K
```

Find the following words in the puzzle.
Words are hidden → and ↓ .

HORSE   IRRIGATION   LAND
INCUBATOR   KID   LLAMA
INSECTICIDE   LAMB

Farm

```
I  N  C  U  B  A  T  O  R  .  .  .  .
I  N  S  E  C  T  I  C  I  D  E  .  .
.  .  L  A  N  D  .  .  .  .  H  .  L
.  I  R  R  I  G  A  T  I  O  N  A
               .  K  I  D  R  .  M
                        S  .  B
                        E  .  .
         .  L  L  A  M  A  .  .  .
```

Word directions and start points are formatted: (Direction, X, Y)

HORSE (S,10,3)   IRRIGATION (E,2,4)   LAND (E,3,3)
INCUBATOR (E,1,1)   KID (E,7,5)   LLAMA (E,6,8)
INSECTICIDE (E,1,2)   LAMB (S,12,3)

Farm

```
N  L  H  T  A  J  R  P  R  M  V  S
F  O  A  X  T  G  D  A  E  A  Q  M
M  N  Y  M  S  M  U  I  G  C  G  E
I  G  S  T  T  A  C  K  H  M  A
L  H  T  C  N  R  O  T  E  E  O  D
K  O  A  S  H  E  N  J  W  T  C  O
W  R  C  Z  H  A  Y  B  M  E  E  W
P  N  K  O  N  F  X  C  W  V  X  Z
```

Find the following words in the puzzle.
Words are hidden → and ↓ .

HAY   LONGHORN   MEADOW
HAYSTACK   MACHETE   MILK
HEN   MARE

Farm

```
.  L  H  .  .  .  .  .  .  M  .  .
.  O  A  .  .  .  .  .  .  A  .  M
M  N  Y  .  .  M  .  .  .  C  .  E
I  G  S  .  .  A  .  .  .  H  .  A
L  H  T  .  .  R  .  .  .  E  .  D
K  O  A  .  H  E  N  .  .  T  .  O
.  R  C  .  H  A  Y  .  .  E  .  W
.  N  K  .  .  .  .  .  .  .  .  .
```

Word directions and start points are formatted: (Direction, X, Y)

HAY (E,5,7)   LONGHORN (S,2,1)   MEADOW (S,12,2)
HAYSTACK (S,3,1)   MACHETE (S,10,1)   MILK (S,1,3)
HEN (E,5,6)   MARE (S,6,3)

Farm

```
M   M   Z   B   L   R   B   Q   O   J   T   H
B   O   Q   X   O   R   C   H   A   R   D   S
A   W   A   E   W   M   O   M   O   X   T   J
L   E   M   U   L   C   H   I   M   I   R   E
E   R   U   F   S   U   J   L   X   S   W   J
R   N   L   O   A   T   S   K   S   A   J   Q
O   H   E   B   A   R   L   E   Y   A   B   L
M   U   B   R   B   E   D   Y   R   G   D   H
```

Find the following words in the puzzle.
Words are hidden → and ↓ .

BALER   MULCH   OX
BARLEY   MULE
MILK   OATS
MOWER   ORCHARD

Farm

```
.  M  .  .  .  .  .  .  .  .  .
B  O  .  .  O  R  C  H  A  R  D  .
A  W  .  .  .  .  .  M  O  X  .  .
L  E  M  U  L  C  H  I  .  .  .  .
E  R  U  .  .  .  .  L  .  .  .  .
R  .  L  O  A  T  S  K  .  .  .  .
.  .  E  B  A  R  L  E  Y  .  .  .
.  .  .  .  .  .  .  .  .  .  .  .
```

Word directions and start points are formatted: (Direction, X, Y)

BALER (S,1,2)   MULCH (E,3,4)   OX (E,9,3)
BARLEY (E,4,7)   MULE (S,3,4)
MILK (S,8,3)   OATS (E,4,6)
MOWER (S,2,1)   ORCHARD (E,5,2)

Farm

```
L  X  K  O  X  B  Y  P  I  G  P  A
F  P  K  P  I  C  K  A  X  E  I  K
J  P  A  S  T  U  R  E  Y  N  G  S
X  G  C  Q  C  P  I  C  K  X  L  P
H  A  G  A  N  D  E  R  R  W  E  A
K  T  P  A  G  J  K  K  R  C  T  I
W  E  Y  Y  Q  T  E  Y  V  A  P  L
I  U  K  N  R  E  G  E  E  S  E  P
```

Find the following words in the puzzle.
Words are hidden → and ↓ .

GANDER	PASTURE	PIGLET
GATE	PICK	
GEESE	PICKAXE	
PAIL	PIG	

Farm

```
.  .  .  .  .  .  .  .  P  I  G  P  .
.  .  .  P  I  C  K  A  X  E  I  .
.  P  A  S  T  U  R  E  .  .  G  .
.  G  .  .  .  P  I  C  K  .  L  P
.  A  G  A  N  D  E  R  .  .  E  A
.  T  .  .  .  .  .  .  .  .  T  I
.  E  .  .  .  .  .  .  .  .  .  L
.  .  .  .  .  .  G  E  E  S  E  .
```

Word directions and start points are formatted: (Direction, X, Y)

GANDER (E,3,5)   PASTURE (E,2,3)   PIGLET (S,11,1)
GATE (S,2,4)   PICK (E,6,4)
GEESE (E,7,8)   PICKAXE (E,4,2)
PAIL (S,12,4)   PIG (E,8,1)

Farm

```
P  B  W  P  R  O  D  U  C  E  E  R
U  R  A  B  B  I  T  K  R  O  B  A
L  P  H  U  W  V  V  W  G  O  O  K
L  K  J  I  U  F  P  P  L  X  K  E
E  T  H  H  P  O  U  L  T  R  Y  Z
T  M  T  H  P  O  U  L  T  Z  E  P
A  T  V  Y  M  R  A  M  Q  D  X  V
R  A  N  C  H  P  Z  U  U  J  I  L
```

Find the following words in the puzzle.
Words are hidden → and ↓ .

POULT	PULLET	RAM
POULTRY	RABBIT	RANCH
PRODUCE	RAKE	

Farm

```
P  .  .  P  R  O  D  U  C  E  .  R
U  R  A  B  B  I  T  .  .  .  .  A
L  .  .  .  .  .  .  .  .  .  .  K
L  .  .  .  .  .  .  .  .  .  .  E
E  .  .  .  P  O  U  L  T  R  Y  .
T  .  .  .  P  O  U  L  T  .  .  .
.  .  .  .  .  .  R  A  M  .  .  .
R  A  N  C  H  .  .  .  .  .  .  .
```

Word directions and start points are formatted: (Direction, X, Y)

POULT (E,5,6)	PULLET (S,1,1)	RAM (E,6,7)
POULTRY (E,5,5)	RABBIT (E,2,2)	RANCH (E,1,8)
PRODUCE (E,4,1)	RAKE (S,12,1)	

Farm

F	M	L	G	T	R	I	P	E	D	H	H
R	X	R	O	O	S	T	E	R	A	A	A
R	O	O	S	T	B	Z	Y	Z	A	Y	T
H	A	R	V	E	S	T	E	R	M	Y	C
O	H	G	Y	E	F	Z	M	T	D	K	H
O	R	F	H	A	R	V	E	S	T	X	E
B	E	F	O	D	R	I	C	E	Q	P	R
B	R	Y	E	V	O	G	P	S	D	X	Y

Find the following words in the puzzle.
Words are hidden → and ↓ .

HARVEST   RICE   RYE
HARVESTER   RIPE
HATCHERY   ROOST
HAY   ROOSTER

Farm

```
.   .   .   .   .   R   I   P   E   .   H   H
.   .   R   O   O   S   T   E   R   .   A   A
R   O   O   S   T   .   .   .   .   .   Y   T
H   A   R   V   E   S   T   E   R   .   .   C
.   .   .   .   .   .   .   .   .   .   .   H
.   .   .   .   H   A   R   V   E   S   T   .   E
.   .   .   .   .   R   I   C   E   .   .   R
.   R   Y   E   .   .   .   .   .   .   .   Y
```

Word directions and start points are formatted: (Direction, X, Y)

HARVEST (E,4,6)   RICE (E,6,7)   RYE (E,2,8)
HARVESTER (E,1,4)   RIPE (E,6,1)
HATCHERY (S,12,1)   ROOST (E,1,3)
HAY (S,11,1)   ROOSTER (E,3,2)

Farm

```
C O O P C O R N S B K R
P Z J J S N S Q Z H N H
Q X W D C O M B I N E P
F O V D O N K E Y Z O C
D R A K E D U C K F Y R
F C H I C K E N C D X Q
C O W S O T R L M A U V
S C D U C K L I N G M G
```

Find the following words in the puzzle.
Words are hidden → and ↓ .

CHICKEN	COW	DUCKLING
COMBINE	DONKEY	
COOP	DRAKE	
CORN	DUCK	

Farm

```
C  O  O  P  C  O  R  N  .  .  .  .  .
.  .  .  .  .  .  .  .  .  .  .  .  .
.  .  .  .  C  O  M  B  I  N  E  .
.  .  .  .  D  O  N  K  E  Y  .  .  .
D  R  A  K  E  D  U  C  K  .  .  .  .
.  C  H  I  C  K  E  N  .  .  .  .  .
C  O  W  .  .  .  .  .  .  .  .  .  .
.  .  D  U  C  K  L  I  N  G  .  .  .
```

Word directions and start points are formatted: (Direction, X, Y)

CHICKEN (E,2,6)   COW (E,1,7)   DUCKLING (E,3,8)
COMBINE (E,5,3)   DONKEY (E,4,4)
COOP (E,1,1)   DRAKE (E,1,5)
CORN (E,5,1)   DUCK (E,6,5)

Farm

```
L  S  H  E  A  R  S  I  Y  U  S  S
B  F  E  R  T  I  L  I  Z  E  R  C
S  C  A  R  E  C  R  O  W  I  R  Y
A  B  U  X  F  V  T  G  G  W  N  T
U  F  A  R  M  H  O  U  S  E  G  H
S  E  E  D  S  F  E  D  N  I  E
Q  K  Y  F  V  Q  R  Z  W  R  E  N
N  E  H  R  F  O  F  E  N  C  E  K
```

Find the following words in the puzzle.
Words are hidden → and ↓ .

FARMHOUSE   FERTILIZER   SEEDS
FEED   SCARECROW   SHEARS
FENCE   SCYTHE

Farm

```
.  S  H  E  A  R  S  .  .  .  .  .  S

.  F  E  R  T  I  L  I  Z  E  R  C

S  C  A  R  E  C  R  O  W  .  .  Y

.  .  .  .  .  .  .  .  .  .  .  T

.  F  A  R  M  H  O  U  S  E  .  H

S  E  E  D  S  F  E  E  D  .  .  E

.  .  .  .  .  .  .  .  .  .  .  .

.  .  .  .  .  .  F  E  N  C  E  .
```

Word directions and start points are formatted: (Direction, X, Y)

FARMHOUSE (E,2,5)   FERTILIZER (E,2,2)   SEEDS (E,1,6)
FEED (E,6,6)   SCARECROW (E,1,3)   SHEARS (E,2,1)
FENCE (E,7,8)   SCYTHE (S,12,1)

Farm

```
B  U  Z  C  C  B  E  Q  Y  D  A  B
R  B  U  L  L  U  E  U  C  I  N  U
E  Z  B  E  X  C  C  Y  A  W  I  F
E  G  O  P  J  K  Y  P  C  T  M  F
D  A  A  C  R  E  A  G  E  N  A  A
B  Y  R  Q  O  T  X  B  Y  I  L  L
Q  I  Q  E  D  A  V  J  F  R  S  O
A  G  R  I  C  U  L  T  U  R  E  Q
```

Find the following words in the puzzle.
Words are hidden → and ↓ .

ACREAGE   BOAR   BUFFALO
AGRICULTURE   BREED   BULL
ANIMALS   BUCKET

Farm

```
B  .  .  .  .  B  .  .  .  .  .  A  B

R  B  U  L  L  U  .  .  .  .  .  N  U

E  .  B  .  .  C  .  .  .  .  .  I  F

E  .  O  .  .  K  .  .  .  .  M  F

D  .  A  C  R  E  A  G  E  .  A  A

.  .  R  .  .  T  .  .  .  .  L  L

.  .  .  .  .  .  .  .  .  .  .  S  O

A  G  R  I  C  U  L  T  U  R  E  .
```

Word directions and start points are formatted: (Direction, X, Y)

ACREAGE (E,3,5)   BOAR (S,3,3)   BUFFALO (S,12,1)
AGRICULTURE (E,1,8)   BREED (S,1,1)   BULL (E,2,2)
ANIMALS (S,11,1)   BUCKET (S,6,1)

Farm

```
K T V E G E T A B L E W
W U R W C M W C E J T I
A R P F X R E S F W R N
T K H L V P E Y U E O D
E E G M M Q D A A E W M
R Y M R H Q E K Y D E I
K S W G E O R E F S L L
K F Y Z W H E A T X C L
```

Find the following words in the puzzle.
Words are hidden → and ↓ .

TROWEL   WEEDER   YAK
TURKEY   WEEDS
VEGETABLE   WHEAT
WATER   WINDMILL

Farm

```
.  T  V  E  G  E  T  A  B  L  E  W
W  U  .  .  .  .  W  .  .  .  .  T  I
A  R  .  .  .  .  E  .  .  W  R  N
T  K  .  .  .  .  E  Y  .  E  O  D
E  E  .  .  .  .  D  A  .  E  W  M
R  Y  .  .  .  .  E  K  .  D  E  I
.  .  .  .  .  .  .  R  .  .  S  L  L
.  .  .  .  W  H  E  A  T  .  .  L
```

Word directions and start points are formatted: (Direction, X, Y)

TROWEL (S,11,2)   WEEDER (S,7,2)   YAK (S,8,4)
TURKEY (S,2,1)   WEEDS (S,10,3)
VEGETABLE (E,3,1)   WHEAT (E,5,8)
WATER (S,1,2)   WINDMILL (S,12,1)

Farm

```
T  Q  P  D  G  A  M  T  P  T  X  S
I  S  T  A  L  L  I  O  N  E  A  T
L  I  Z  W  W  F  Z  H  J  N  Z  E
L  S  T  A  B  L  E  I  K  D  D  E
T  R  A  C  T  O  R  K  Y  W  Z  R
G  H  H  D  Q  H  S  W  I  N  E  W
O  D  Y  U  T  I  L  L  E  R  F  U
Y  E  T  R  O  U  G  H  F  E  X  P
```

Find the following words in the puzzle.
Words are hidden → and ↓ .

STABLE	TEND	TROUGH
STALLION	TILL	
STEER	TILLER	
SWINE	TRACTOR	

Farm

```
T  .  .  .  .  .  .  .  .  T  .  S
I  S  T  A  L  L  I  O  N  E  .  T
L  .  .  .  .  .  .  .  .  N  .  E
L  S  T  A  B  L  E  .  .  D  .  E
T  R  A  C  T  O  R  .  .  .  .  R
.  .  .  .  .  .  .  S  W  I  N  E  .
.  .  .  .  .  T  I  L  L  E  R  .  .
.  .  T  R  O  U  G  H  .  .  .  .  .
```

Word directions and start points are formatted: (Direction, X, Y)

STABLE (E,2,4)   TEND (S,10,1)   TROUGH (E,3,8)
STALLION (E,2,2)   TILL (S,1,1)
STEER (S,12,1)   TILLER (E,5,7)
SWINE (E,7,6)   TRACTOR (E,1,5)

Farm

```
P  Z  A  R  O  E  Z  R  A  K  E  F
T  A  F  T  R  A  N  C  H  T  R  Y
Y  M  L  D  J  I  F  J  Q  M  A  P
O  U  Y  L  A  M  B  U  T  U  B  S
J  L  Y  Y  N  U  G  Y  P  L  B  L
I  C  M  O  W  E  R  Q  I  E  I  H
D  H  K  A  B  T  B  U  X  M  T  N
V  R  A  M  T  F  S  K  I  G  Z  K
```

Find the following words in the puzzle.
Words are hidden → and ↓ .

LAMB   MULE   RAM
MOWER   RABBIT   RANCH
MULCH   RAKE

Farm

```
.   .   .   .   .   .   .   .   R   A   K   E   .

.   .   .   .   .   R   A   N   C   H   .   R   .

.   M   .   .   .   .   .   .   .   M   A   .

.   U   .   L   A   M   B   .   .   U   B   .

.   L   .   .   .   .   .   .   L   B   .

.   C   M   O   W   E   R   .   .   E   I   .

.   H   .   .   .   .   .   .   .   T   .

.   R   A   M   .   .   .   .   .   .
```

Word directions and start points are formatted: (Direction, X, Y)

LAMB (E,4,4)   MULE (S,10,3)   RAM (E,2,8)
MOWER (E,3,6)   RABBIT (S,11,2)   RANCH (E,5,2)
MULCH (S,2,3)   RAKE (E,8,1)

Farm

```
B N S P B F E B H P B Q
U Y J T U C E T C A T I
C O L N F A W Z C P N B
K X S B F T B U L L C R
E J H O A T S R L F A E
T Q J A L L G P L F L E
Z J R R O E A G Y I F D
Y C H I C K L O Y P B M
```

Find the following words in the puzzle.
Words are hidden → and ↓ .

BOAR	BULL	CHICK
BREED	CALF	
BUCKET	CAT	
BUFFALO	CATTLE	

Farm

```
B  .  .  .  B  .  .  .  .  .  .  .
U  .  .  .  U  C  .  .  C  A  T  .
C  .  .  .  F  A  .  .  .  .  .  B
K  .  .  B  F  T  B  U  L  L  C  R
E  .  .  O  A  T  .  .  .  .  A  E
T  .  .  A  L  L  .  .  .  .  L  E
.  .  .  R  O  E  .  .  .  .  F  D
.  C  H  I  C  K  .  .  .  .  .  .
```

Word directions and start points are formatted: (Direction, X, Y)

BOAR (S,4,4)   BULL (E,7,4)   CHICK (E,2,8)
BREED (S,12,3)   CALF (S,11,4)
BUCKET (S,1,1)   CAT (E,9,2)
BUFFALO (S,5,1)   CATTLE (S,6,2)

Farm

```
A  Y  G  T  X  K  R  O  E  N  G  E
E  N  O  B  A  G  O  P  G  G  N  Y
W  P  O  N  R  O  O  F  G  R  R  A
E  K  S  G  I  K  S  G  W  A  O  R
T  F  E  O  P  J  T  R  O  I  O  Y
B  L  K  A  E  H  E  O  G  N  S  E
S  N  G  T  W  Q  R  W  P  S  T  T
O  J  Y  T  Z  U  Z  Y  U  L  N  I
```

Find the following words in the puzzle.
Words are hidden → and ↓ .

EGG   GRAINS   ROOSTER
EWE   GROW   RYE
GOAT   RIPE
GOOSE   ROOST

Farm

```
.   .   G   .   .   .   R   .   E   .   .   .
    E   .   O   .   .   .   O   .   G   G   .   .
    W   .   O   .   R   .   O   .   G   R   R   .
    E   .   S   G   I   .   S   G   .   A   O   R
    .   .   E   O   P   .   T   R   .   I   O   Y
    .   .   .   A   E   .   E   O   .   N   S   E
    .   .   .   T   .   .   R   W   .   S   T   .

    .   .   .   .   .   .   .   .   .   .   .   .
```

Word directions and start points are formatted: (Direction, X, Y)

EGG (S,9,1)	GRAINS (S,10,2)	ROOSTER (S,7,1)
EWE (S,1,2)	GROW (S,8,4)	RYE (S,12,4)
GOAT (S,4,4)	RIPE (S,5,3)	
GOOSE (S,3,1)	ROOST (S,11,3)	

Farm

```
I R R I G A T I O N S H
G I N C U B A T O R M O
J J D S Z D H N Z N U R
L L J F R X I H H V A S
Q H O E S J V O E K A E
D N O Y Z J E G R A I P
O M K O S Y P C D C F W
I N S E C T I C I D E D
```

Find the following words in the puzzle.
Words are hidden → and ↓ .

HERD   HOG   INSECTICIDE
HIVE   HORSE   IRRIGATION
HOE   INCUBATOR

Farm

```
I  R  R  I  G  A  T  I  O  N  .  H
.  I  N  C  U  B  A  T  O  R  .  O
.  .  .  .  .  .  H  .  .  .  .  R
.  .  .  .  .  .  I  H  H  .  .  S
.  H  O  E  .  .  V  O  E  .  .  E
.  .  .  .  .  .  E  G  R  .  .  .
.  .  .  .  .  .  .  .  D  .  .  .
I  N  S  E  C  T  I  C  I  D  E  .
```

Word directions and start points are formatted: (Direction, X, Y)

HERD (S,9,4)   HOG (S,8,4)   INSECTICIDE (E,1,8)
HIVE (S,7,3)   HORSE (S,12,1)   IRRIGATION (E,1,1)
HOE (E,2,5)   INCUBATOR (E,2,2)

Farm

```
S U A J S O L X U M X O
S U L H L A I T O E D R
C P X H K T A A Q A D C
Y W B I I S Q N K D H H
T O S C A R E C R O W A
H X S A X N S D C W C R
E M O W E R M E E Q U D
C B Y M I L K U Y N F I
```

Find the following words in the puzzle.
Words are hidden → and ↓ .

MEADOW   OATS   SCARECROW
MILK   ORCHARD   SCYTHE
MOWER   OX

Farm

```
.  .  .  .  .  O  .  .  .  M  .  O

S  .  .  .  .  A  .  .  E  .  R

C  .  .  .  T  .  .  A  .  C

Y  .  .  .  S  .  .  D  .  H

T  O  S  C  A  R  E  C  R  O  W  A

H  X  .  .  .  .  .  W  .  R

E  M  O  W  E  R  .  .  .  .  .  D

.  .  .  M  I  L  K  .  .  .  .  .
```

Word directions and start points are formatted: (Direction, X, Y)

MEADOW (S,10,1)   OATS (S,6,1)   SCARECROW (E,3,5)
MILK (E,4,8)   ORCHARD (S,12,1)   SCYTHE (S,1,2)
MOWER (E,2,7)   OX (S,2,5)

Farm

```
D  R  A  K  E  W  C  A  L  F  U  G
T  H  M  G  P  U  Z  A  I  Y  J  S
D  O  G  B  C  C  A  T  T  L  E  I
C  A  T  Q  D  O  N  K  E  Y  J  R
A  G  R  I  C  U  L  T  U  R  E  O
T  C  A  N  I  M  A  L  S  G  H  A
G  O  B  G  H  Z  U  J  F  Z  S  U
K  E  D  A  I  R  Y  Z  O  H  R  O
```

Find the following words in the puzzle.
Words are hidden → and ↓ .

AGRICULTURE   CATTLE   DRAKE
ANIMALS   DAIRY
CALF   DOG
CAT   DONKEY

Farm

```
D  R  A  K  E  .  C  A  L  F  .  .
.  .  .  .  .  .  .  .  .  .  .  .
D  O  G  .  .  C  A  T  T  L  E  .
C  A  T  .  D  O  N  K  E  Y  .  .
A  G  R  I  C  U  L  T  U  R  E  .
.  .  A  N  I  M  A  L  S  .  .  .
.  .  .  .  .  .  .  .  .  .  .  .
.  .  D  A  I  R  Y  .  .  .  .  .
```

Word directions and start points are formatted: (Direction, X, Y)

AGRICULTURE (E,1,5)   CATTLE (E,6,3)   DRAKE (E,1,1)
ANIMALS (E,3,6)   DAIRY (E,3,8)
CALF (E,7,1)   DOG (E,1,3)
CAT (E,1,4)   DONKEY (E,5,4)

Farm

```
Q  I  X  B  P  I  C  K  A  X  E  Z
P  F  G  K  P  I  G  Y  K  I  D  A
Z  P  O  A  G  I  V  T  D  W  L  O
T  A  O  A  J  P  I  G  L  E  T  O
E  I  S  P  A  S  T  U  R  E  N  E
Y  L  E  M  X  P  J  Q  V  E  L  O
R  L  N  G  O  A  T  H  D  J  C  U
J  S  X  Q  R  P  I  C  K  F  G  C
```

Find the following words in the puzzle.
Words are hidden → and ↓ .

GOAT   PASTURE   PIGLET
GOOSE   PICK
KID   PICKAXE
PAIL   PIG

Farm

```
. . . . P I C K A X E .
. . G . P I G . K I D .
. P O . . . . . . . .
. A O . . P I G L E T .
. I S P A S T U R E . .
. L E . . . . . . . .
. . . G O A T . . . .
. . . . . P I C K . .
```

Word directions and start points are formatted: (Direction, X, Y)

GOAT (E,4,7)   PASTURE (E,4,5)   PIGLET (E,6,4)
GOOSE (S,3,2)   PICK (E,6,8)
KID (E,9,2)   PICKAXE (E,5,1)
PAIL (S,2,3)   PIG (E,5,2)

Farm

H	O	R	S	E	L	B	S	O	I	L	G
H	O	N	E	Y	G	R	O	W	J	H	P
K	W	A	K	U	U	P	M	U	P	Z	H
C	F	G	R	A	I	N	S	V	N	V	O
B	U	N	H	T	Q	S	G	L	S	U	G
C	N	H	O	N	E	Y	B	E	E	Y	A
A	Z	A	E	J	G	F	G	I	G	Z	W
L	S	I	L	O	S	W	S	Q	Q	M	J

Find the following words in the puzzle.
Words are hidden → and ↓ .

GRAINS   HONEY   SOIL
GROW   HONEYBEE
HOE   HORSE
HOG   SILO

Farm

```
H  O  R  S  E  .  .  S  O  I  L  .
H  O  N  E  Y  G  R  O  W  .  .  .
.  .  .  .  .  .  .  .  .  .  .  H
.  .  G  R  A  I  N  S  .  .  .  O
.  .  .  H  .  .  .  .  .  .  .  G
.  .  H  O  N  E  Y  B  E  E  .  .
.  .  .  E  .  .  .  .  .  .  .  .
.  S  I  L  O  .  .  .  .  .  .  .
```

Word directions and start points are formatted: (Direction, X, Y)

GRAINS (E,3,4)   HONEY (E,1,2)   SOIL (E,8,1)
GROW (E,6,2)   HONEYBEE (E,3,6)
HOE (S,4,5)   HORSE (E,1,1)
HOG (S,12,3)   SILO (E,2,8)

Farm

```
P  R  A  C  R  E  F  O  A  L  Z  T
Q  L  T  D  D  P  C  R  O  P  S  F
G  F  A  C  R  E  A  G  E  J  B  R
A  G  R  I  C  U  L  T  U  R  E  U
F  F  O  O  D  P  D  J  Q  P  R  I
E  S  F  X  Z  P  O  N  E  Q  H  T
F  L  O  C  K  G  C  R  O  W  V  U
M  C  O  R  N  V  C  O  W  K  A  E
```

Find the following words in the puzzle.
Words are hidden → and ↓ .

ACRE   COW   FOAL
ACREAGE   CROPS   FOOD
AGRICULTURE   CROW   FRUIT
CORN   FLOCK

Farm

```
.  .  A  C  R  E  F  O  A  L  .  .
.  .  .  .  .  .  .  C  R  O  P  S  F
.  .  A  C  R  E  A  G  E  .  .  R
A  G  R  I  C  U  L  T  U  R  E  U
.  F  O  O  D  .  .  .  .  .  .  I
.  .  .  .  .  .  .  .  .  .  .  T
F  L  O  C  K  .  C  R  O  W  .  .
.  C  O  R  N  .  C  O  W  .  .  .
```

Word directions and start points are formatted: (Direction, X, Y)

ACRE (E,3,1)   COW (E,7,8)   FOAL (E,7,1)
ACREAGE (E,3,3)   CROPS (E,7,2)   FOOD (E,2,5)
AGRICULTURE (E,1,4)   CROW (E,7,7)   FRUIT (S,12,2)
CORN (E,2,8)   FLOCK (E,1,7)

Farm

```
F  Y  B  A  L  E  R  S  F  D  L  A
A  G  R  I  C  U  L  T  U  R  E  C
A  C  R  E  D  A  I  R  Y  B  I  R
C  A  N  I  M  A  L  S  E  O  S  E
B  A  L  E  O  F  H  A  Y  B  I  A
Q  V  J  A  Z  N  M  N  I  D  B  G
O  P  T  Q  B  A  R  L  E  Y  Z  E
P  H  J  Q  R  Z  P  U  M  K  T  I
```

Find the following words in the puzzle.
Words are hidden → and ↓ .

ACRE   ANIMALS   BARLEY
ACREAGE   AGRICULTURE   DAIRY
BALE OF HAY   BALER

Farm

```
.   .   B   A   L   E   R   .   .   .   .   A

A   G   R   I   C   U   L   T   U   R   E   C

A   C   R   E   D   A   I   R   Y   .   .   R

.   A   N   I   M   A   L   S   .   .   .   E

B   A   L   E   O   F   H   A   Y   .   .   A

.   .   .   .   .   .   .   .   .   .   .   G

.   .   .   .   B   A   R   L   E   Y   .   E

.   .   .   .   .   .   .   .   .   .   .   .
```

Word directions and start points are formatted: (Direction, X, Y)

ACRE (E,1,3)   ANIMALS (E,2,4)   BARLEY (E,5,7)
ACREAGE (S,12,1)   AGRICULTURE (E,1,5)   DAIRY (E,5,3)
BALE OF HAY (E,1,2)   BALER (E,3,1)

Kids' Activity Workbook Subscribe

Get New Update,
Book Giveaway,
Free Book for Kids
and Promotion

http://bit.ly/act_book_4_kids

Made in the USA
Coppell, TX
11 June 2023